Impressum
Verlag: BABADADA GmbH, Nedderfeld 112 , 22529 Hamburg
Geschäftsführer / Verlagsleitung: Harald Hof
Druck: Books on Demand GmbH, In de Tarpen 42, 22848 Norderstedt

Imprint
Publisher: BABADADA GmbH, Nedderfeld 112 , 22529 Hamburg, Germany
Managing Director / Publishing direction: Harald Hof
Print: Books on Demand GmbH, In de Tarpen 42, 22848 Norderstedt

ចំក
böl

186/2

ក្តារ
tahta

បន្ទប់រៀន
sınıf

ទីធ្លាសាលារៀន
okul bahçesi

គ្រូបង្រៀន
öğretmen

ក្រដាស
kağıt

សរសេរ
yazmak

បិក
kalem

តុការិយាល័យ
masa

បន្ទាត់
cetvel

សៀវភៅ
kitap

កូនសិស្ស
öğrenci

សម្ពតរៀតសុបកែ

okul çantası

ប៉ុរអប់ដាក់ខុមពៅដៃ

kalemlik

ខុមពៅដៃ

kurşun kalem

ប៉ុរដាប់ខ្លងខុមពៅដៃ

kalem açacağı

ជ័រលុប

silgi

ផ្ទាំងគំនូរ

çizim defteri

គំនូរ

çizim

ជក់គូរ

resim fırçası

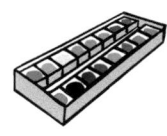

ប្រអប់ថ្នាំណាប

boya kutusu

កន្ត្រៃ

makas

ការបិទ

tutkal

សៀវភៅលំហាត់

alıştırma kitabı

កិច្ចការផ្ទះ

ödev

12

លេខ

sayı

2+2

បូក

ekle

5−2

ដក

çıkar

2×2

គុណ

çarp

គណនា

hesapla

A

លិខិត

harf

ABCDEFG
HIJKLMN
OPQRSTU
VWXYZ

អក្ខរក្រម

alfabe

hello

ពាក្យ

kelime

អត្ថបទ

metin

អាន

okumak

ដីស

tebeşir

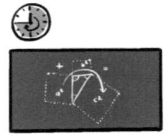

មេរៀន

ders

ចុះឈ្មោះ

kayıt

ការប្រលង

sınav

វិញ្ញាបនបត្រ

sertifika

ឯកសណ្ឋានសាលា

okul forması

ការអប់រំ

eğitim

សព្វវចនាធិប្បាយ

ansiklopedi

សាកលវិទ្យាល័យ

üniversite

មីក្រូទស្សន៍

mikroskop

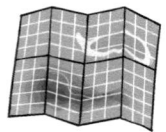

ផែនទី

harita

កន្ត្រករដាក់សំរាមក្រដាស

kağıt çöp kutusu

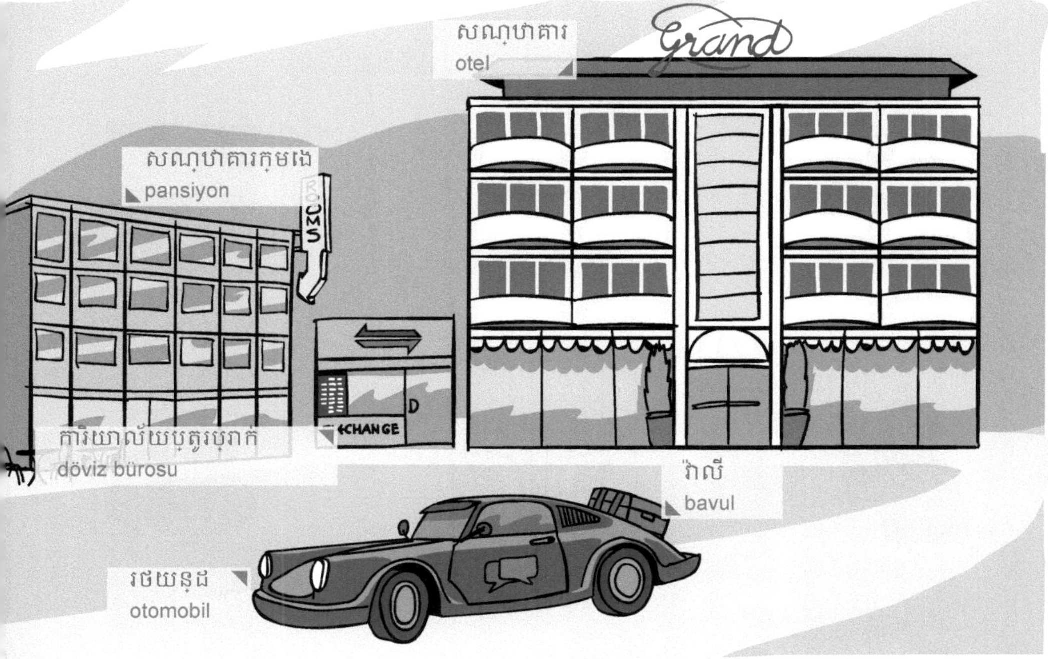

សណ្ឋាគារ
otel
Grand
សណ្ឋាគារកុមងេ
pansiyon
ROOMS
ការិយាល័យប្តូរប្រាក់
döviz bürosu
€CHANGE
វ៉ាលី
bavul
រថយន្ដ
otomobil

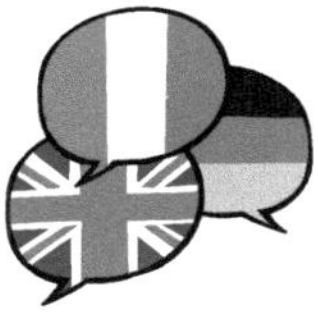

ភាសា

dil

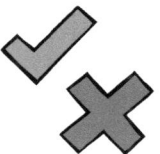

បាទ / ទេ

evet / hayır

យល់ព្រម

Tamam

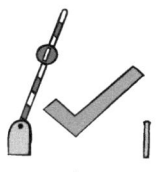

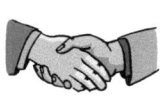

សាយ័ន្តសួស្តី!

merhaba

អ្នកបកប្រែ

çevirmen

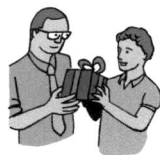

សូមអរគុណ

Teşekkür ederim

ចូលប៉ុន្មាន... ?

bu ... ne kadar?

ខ្ញុំមិនយល់

anlamadım

បញ្ហា

problem

ទិវាសួស្ដី!

İyi akşamlar!

អរុណសួស្ដី

Günaydın!

រាត្រីសួស្ដី!

İyi geceler!

លាហើយ

güle güle

ទិសដៅ

yön

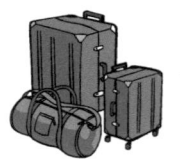

អីវ៉ាន់

bagaj

កាបូប

çanta

កាបូបស្ពាយក្រោយ

sırt çantası

ភ្ញៀវ

misafir

បន្ទប់

oda

ថង់ដេក

uyku tulumu

តង់

çadır

ព័ត៌មានទេសចរណ៍

turist danışma

ឆ្នេរ

sahil

កាតឥណទាន

kredi kartı

អាហារពេលព្រឹក

kahvaltı

អាហារថ្ងៃត្រង់

öğle yemeği

អាហារពេលល្ងាច

akşam yemeği

សំបុត្រ

Bilet

ជណ្ដើរយន្ត

asansör

តែម

pul

ព្រំដែន

sınır

គយ

gümrük

ស្ថានទូត

elçilik

ទិដ្ឋាការ

vize

លិខិតឆ្លងដែន

pasaport

ulaşım

 កប៉ាល់
gemi

យន្តហោះ
uçak

ម៉ាស៊ីនភ្លើងពន្លត់អគ្គិភ័យ
yangın söndürme pompası

រថយន្តដឹកទំនិញ
kamyon

រថយន្តដឹកក្រុង
otobüs

កាណូត
motorlu tekne

រថយន្តដឹក
otomobil

ជិះកង់
bisiklet

សាឡាង
feribot

ទូក
bot

ម៉ូតូ
motosiklet

រថយន្តប៉ូលិស
polis arabası

រថយន្តបុរណាំង
yarış arabası

រថយន្តជួល
kiralık araba

ការចែករំលែករថយន្ត

ortak araba

ឡានស៊ូទូច

çekici

ឡានបុរមួលសំរាម

çöp kamyonu

ម៉ូទ័រ

motor

ប្រេងឥន្ធនៈ

yakıt

ស្ថានីយបុរេង

benzinlik

ស្លាកសញ្ញាចរាចរណ៍

trafik işareti

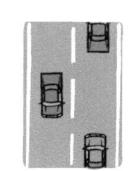

ការធ្វេីចរាចរណ៍

trafik

កកស្ទះចរាចរណ៍

trafik sıkışıklığı

ចំណត

otopark

ស្ថានីយចេភុលេីង

tren istasyonu

ផ្លូវដងរៃក

ray

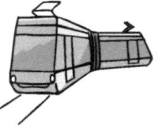

រថភុលេីង

tren

ថេអគ្គីសនី

tramvay

ទូររថភុលេីង

vagon

ឧទុធម្ភាគចក្រ

helikopter

ពុរលានយន្តហោះ

havaalanı

ប៉ម

kule

អ្នកដំណើរ

yolcu

កុងតីន័រ

konteyner

កូរដោសកាតុង

koli

រទេះ

yük arabası

កញ្ចប់

sepet

ហោះឡ្បេរឡើង / ចុះ

kalkış / iniş

ទីក្រុង

şehir

ភូមិ

köy

កណ្ដាលទីក្រុង

şehir merkezi

ផ្ទះ

ev

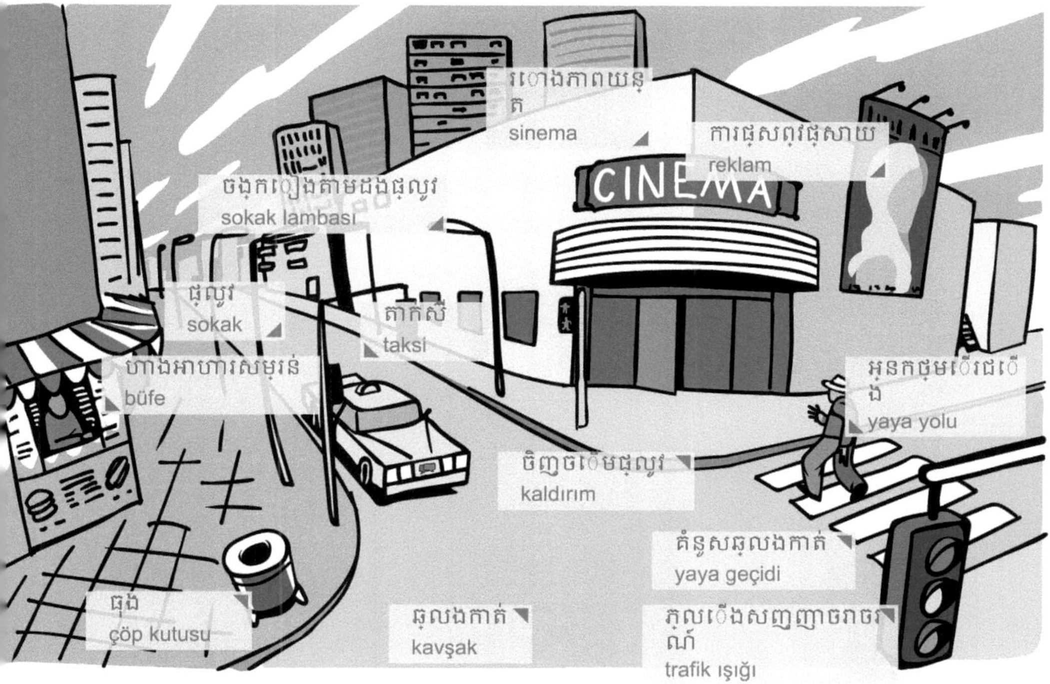

រោងកុនភាពយន្ត
sinema

ការផ្សព្វផ្សាយ
reklam

ចង្កៀងតាមដងផ្លូវ
sokak lambası

ផ្លូវ
sokak

តាក់ស៊ី
taksi

ហាងអាហារសេមរ្នន
büfe

អ្នកថ្មើរើជើរើង
yaya yolu

ចិញ្ចើមផ្លូវ
kaldırım

ធុង
çöp kutusu

គុលឥងកាត់
kavşak

តំនុសឥលងកាត់
yaya geçidi

កុលៈឥងសញ្ញាចរាចរណ៍
trafik ışığı

ខ្ទម
....
kulübe

ផ្ទៈល្វែង
....
apartman dairesi

ស្ថានីយរថភ្លើង
....
tren istasyonu

សាលាក្រុង
....
belediye binası

សារមន្ទីរ
....
müze

សាលារៀន
....
okul

សាកលវិទ្យាល័យ

üniversite

ធនាគារ

banka

មន្ទីរពេទ្យ

hastane

សណ្ឋាគារ

otel

ឱសថស្ថាន

eczane

ការិយាល័យ

ofis

ហាងលក់សៀវភៅ

kitapçı

ហាង

mağaza

ហាងផ្កា

çiçekçi

ផ្សារទំនើប

süpermarket

ទីផ្សារ

market

ហាងទំនិញ

büyük mağaza

ហាងលក់ត្រី

balık satıcısı

មជ្ឈមណ្ឌលផ្សារទំនើប

alışveriş merkezi

កំពង់ផែ

liman

ឧទ្យាន

park

បង្គាន់

bank

ស្ពាន

köprü

ជណ្តើរបើរ

merdiven

ផ្លូវក្រោមដី

metro

ផ្លូវរូងក្រោមដី

tünel

ចំណតរថយន្តដកុ្រុង

otobüs durağı

ហារ

bar

ភោជនីយដ្ឋាន

restoran

ប្រអប់សំបុត្រ

posta kutusu

សញ្ញាតាមដងផ្លូវ

sokak tabelası

ឧបករណ៍បូម្បូលថ្លៃចំណត

otopark sayacı

សួនសត្វ

hayvanat bahçesi

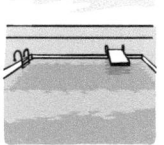

អាងហាលែទឹក

yüzme havuzu

វិហារអ៊ីស្លាម

cami

កសិដ្ឋហាន

çiftlik

ការបំពុល

kirlilik

វាលកប់ខ្មោចពេច

mezarlık

ពុរេវិហារ

kilise

គុររៀងអីលកុមងេលងេ

oyun alanı

បុរសាទ

tapınak

ទេសភាព

arazi

ស្លឹក
yaprak

សញ្ញាបុរប់ទិសដៅ
yön tabelası

ផ្លូវ
yol

វាលស្មៅ
çayır

ដុំថ្ម
taş

អូនកម្សេងីងក្ន
yürüyüşçü

ដ្រៃមណ
ağaç

ទន្លេ
ırmak

ស្មៅ
çimen

ផ្កា
çiçek

ជួរលងភ្នំ

vadi

កូនភ្នំ

tepe

បឹង

göl

ព្រៃឈើ

orman

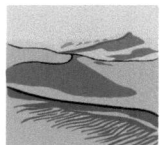

វាលខ្សាច់

çöl

ភ្នំភ្លើង

volkan

គ្រោះកូរប៉ី

kale

ឥន្ទធ្នូ

gökkuşağı

ផ្សិត

mantar

ដើមត្នោត

palmiye

មូស

sivrisinek

រុយ

sinek

ស្រមោច

karınca

សត្វឃ្មុំ

arı

ពីងពាង

örümcek

សត្វកញ្ចៅវៃ

böcek

កង្កែប

kurbağa

កំប្រុក

sincap

សត្វកាំប្រុមា

kirpi

ទន្សាយសុលឹក

yabani tavşan

សត្វទីទុយ

baykuş

បក្សី

kuş

ហង្ស

kuğu

ជ្រូក

yaban domuzu

សត្វក្តាន់

geyik

សត្វក្តាន់

geyik

ទំនប់

baraj

កង្ហារខ្យល់

rüzgar türbini

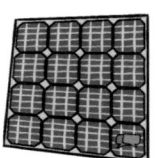

បន្ទះស្វរ្យា

güneş paneli

អាកាសធាតុ

iklim

ភោជនីយដ្ឋាន

restoran

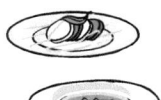

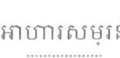

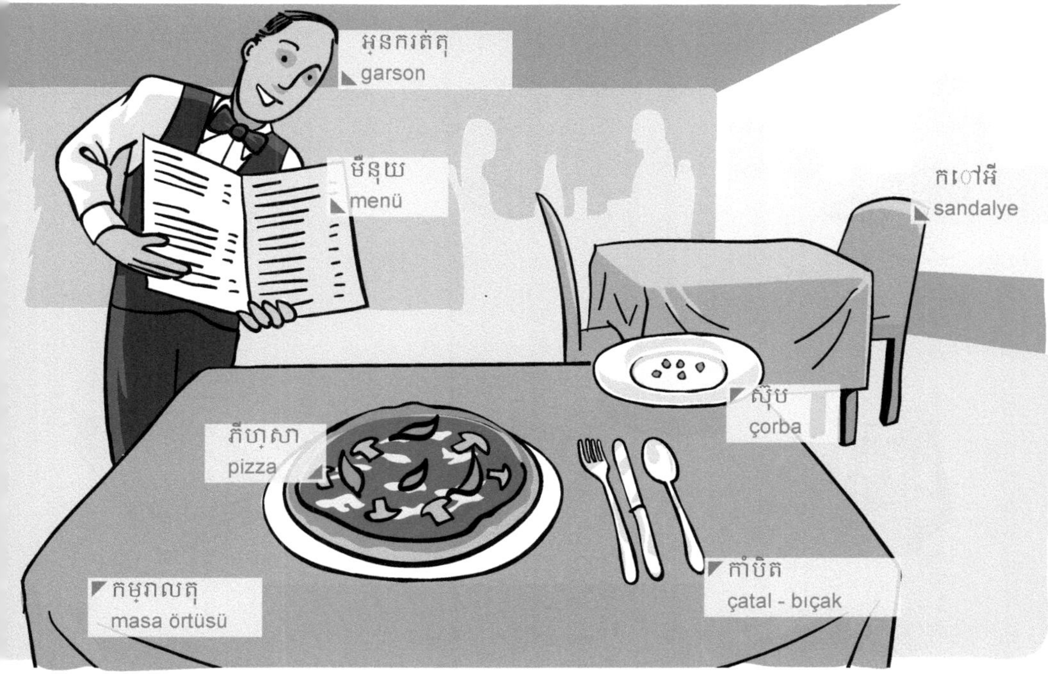

អ្នករត់តុ
garson
មឺនុយ
menü
កៅអី
sandalye
ស៊ុប
çorba
ភីហ្សា
pizza
កាំបិត
çatal - bıçak
កម្រាលតុ
masa örtüsü

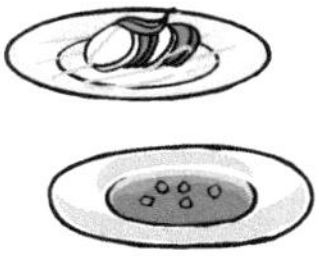

អាហារសម្រន់

başlangıç

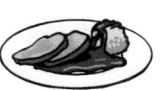

អាហារសំខាន់

ana yemek

បង្អែម

tatlı

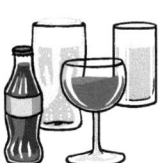

ភេសជ្ជៈ

içecekler

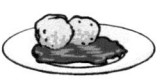

អាហារ

yemek

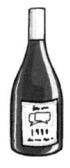

ដប

şişe

អាហារហ្វាស់

fastfood

អាហារតាមផ្លូវ

sokak yemeği

ប៉ាន់តែ

çaydanlık

បុរអប់ស្ករ

şekerlik

ចំណិតកែ

porsiyon

ម៉ាស៊ីនតុងកាហ្វេអ៊ិចស្ប្រេស្ស

espresso makinesi

កៅអីខ្ពស់

mama sandalyesi

វិក្កយបត្រ

fatura

ថាស

tepsi

កាំបិត

bıçak

សម

çatal

ស្លាបព្រា

kaşık

ស្លាបព្រាកាហ្វេ

çay kaşığı

កន្សែងជូតខ្លួន

servis peçetesi

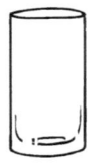

កវែ

bardak

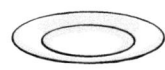

ចានទាប

tabak

ចានស៊ុប

çorba kasesi

ចានទុរនាប់

fincan altlığı

ទឹកជ្រលក់

sos

ដបអំបិល

tuzluk

ប្ររដាប់កិនម្រេច

karabiber değirmeni

ទឹកខ្មេះ

sirke

ប្ររេង

yağ

គ្រុ្រេង្រ្រឿងទេស

baharat

ទឹកប់ដេប់ោះ

ketçap

ម៉ុតាក

hardal

ទឹកមយ៉ូណ្រ

mayonez

ផ្សារទំនើប
süpermarket

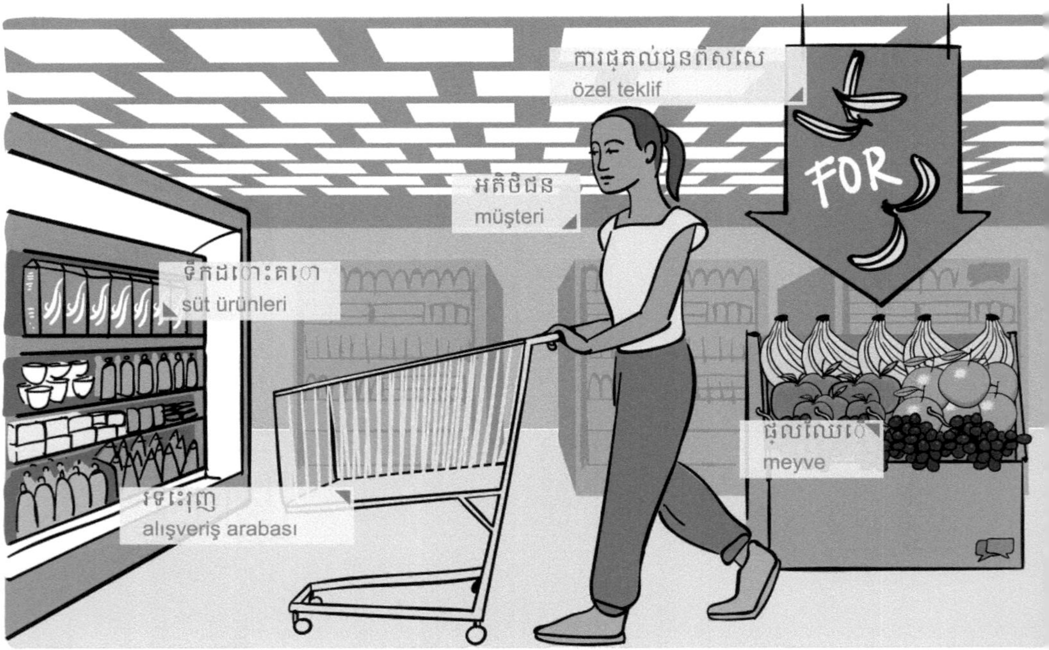

ការផ្តល់ជូនពិសេស
özel teklif
FOR
អតិថិជន
müşteri
ទឹកដោះគោ
süt ürünleri
ផ្លែឈើ
meyve
រទេះរុញ
alışveriş arabası

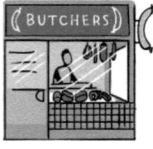

BUTCHERS

ហាងកាប់ជ្រូក

kasap

BAKERY

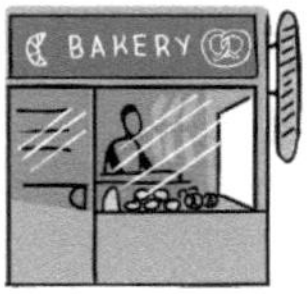

ហាងដុតនំ

fırın

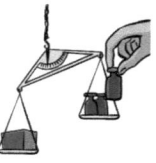

ថ្លឹង

tartmak

បន្លែ

sebze

សាច់

et

អាហារក្លាស្សេ

donmuş gıda

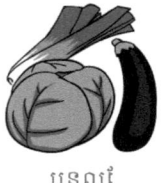

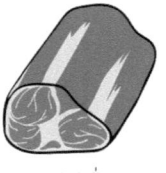

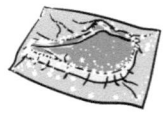

សាច់កុលាសរ
söğüş et

អាហារកំប៉ុង
konserve yiyecek

មុសៈ\សាវ៉ាលាង
toz deterjan

សុអរគ្រាប់
şekerlemeler

ផលិតផលកូនុងគ្រួសារ
ev temizlik ürünleri

ផលិតផលសម្អាត
temizlik ürünleri

អុនកលក់
satış görevlisi

ចតដាក់លុយ
yazar kasa

បេឡ្បា
kasiyer

បញ្ជីទិញទំនិញ
alışveriş listesi

ម៉ៈ\ហាងធ្វើ\ការ
açılış saatleri

កាប៉ូបលុយបុរស
cüzdan

កាតឥណទាន
kredi kartı

ថង់
çanta

ថង់បូលាស្ទិច
plastik poşet

içecekler

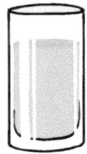

ទឹក

su

ទឹកផ្លែឈើ

meyve suyu

ទឹកដោះគោ

süt

កូកាកូឡា

kola

ស្រា

şarap

ស្រាបៀរ

bira

គ្រឿងស្រវឹង

alkol

កាកាវ

kakao

តែ

çay

កាហ្វេ

kahve

កាហ្វេអ៊ីចស្ព្រេស្សូ

espresso

កាហ្វេកោពូឈីណូ

kapuçino

ចេក

muz

ផ្លែប៉ោម

elma

ផ្លែក្រូច

portakal

ឪឡឹក

kavun

ក្រូចឆ្មា

limon

ការ៉ុត

havuç

ខ្ទឹម

sarımsak

ប្រស៊ី

bambu

ខ្ទឹមបារាំង

soğan

ផ្សិត

mantar

គ្រាប់ផ្លែឈើ

çerez

មី

makarna

ម៉ីអ៊ីតាលី

spagetti

ហាយ

pirinç

សាឡាត់

salata

ដំឡូងចៀន

cips

ដំឡូងចៀន

patates kızartması

ភីហុសា

pizza

បឺហ្គឺ

hamburger

សាំងវិច

sandviç

សាច់ជាប់តុអឺងជំនី

şinitzel

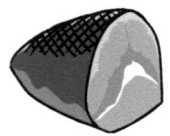

ហាំ

pastırma

សាឡាម៉ី

salam

សាច់ក្បុរក

sosis

សាច់មាន់

tavuk

អាំង

rosto

ត្រី

balık

អារ័នបបរ
....
yulaf ezmesi

មុឃ្ញិសុលី
....
müsli

ជំឡ្លួងចំណិត
....
mısır gevreği

មុសទៅ
....
un

នំគ្រួសង័
....
kruvasan

នំបុ័ងមុយ៉ាងមូលតូចៗ
....
küçük ekmek

នំបុ័ង
....
ekmek

អាំង
....
tost

នំប៉ីសុគី
....
bisküvi

ប៊័រ
....
tereyağı

ទឹកជោះខាប់
....
kaymak

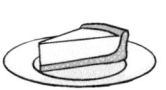

នំខេក
....
kek

ស៊ុត
....
yumurta

ស៊ុតចៀ្រន
....
sahanda yumurta

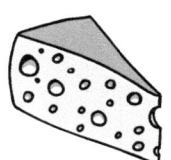

ឈ័ស
....
peynir

ការ៉េម

dondurma

ស្ករ

şeker

ទឹកឃ្មុំ

bal

ជំណាប់

reçel

កុរមែតាំងម៉ៃ

fındık ezmesi

ការី

köri

ផ្ទះក្នុងកសិដ្ឋហាន
çiftlik evi

ជង្រុក
tahıl ambarı

ខ្សែចែងចងមុបเฅ៊ង
sap toplama makinesi

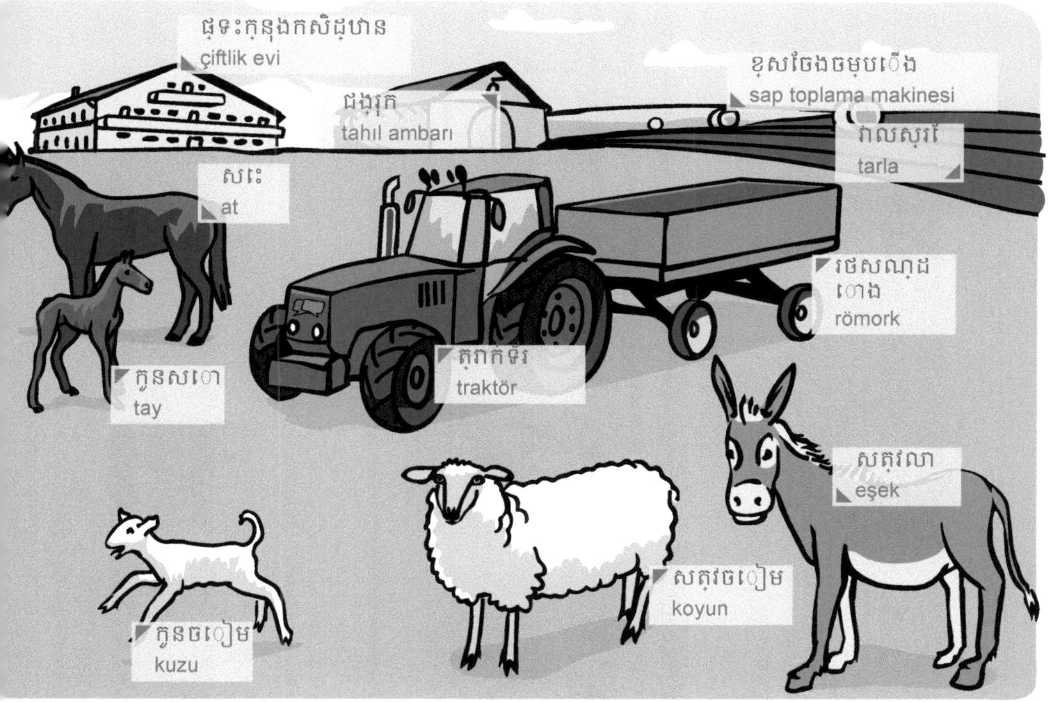

រាលស្រូ
tarla

សរៈ
at

រថសណ្ដូជ
เฅง
römork

កូនសเฅ
tay

តុរាក់ទ័រ
traktör

សត្វเលា
eşek

កូនចเฅ្ JM
kuzu

សត្វเฅ្ JM
koyun

ពពរ
keçi

គเฅញ
inek

កូនគเฅ
buzağı

ជ្រូក
domuz

កូនជ្រូក
domuz yavrusu

គเฅ ឈ្មแฅល
boğa

សត្វក្ងាន

kaz

ទា

ördek

កូនមាន់

civciv

មមោន់

tavuk

មាន់ឈ្មោល

horoz

កណ្ដុរ

sıçan

ឆ្មា

kedi

កណ្ដុរប្រមេះ

fare

គោឈ្មោល

öküz

ឆ្កែ

köpek

ផ្ទះឆ្កែ

köpek kulübesi

បំពង់បាញ់ទឹក

bahçe hortumu

ធុងស្រោចទឹក

sulama kabı

ខួរបែក

tırpan

នង្គ័ល

pulluk

កណ្ដៀវ
orak

ចបកាប់
çapa

រនាស់
dirgen

ពូថៅ
balta

រទេះរុញ
el arabası

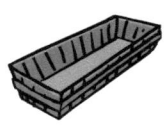

សន្ធុក
yemlik

កំប៉ុងទឹកដោះគោ
süt kovası

ហារ
çuval

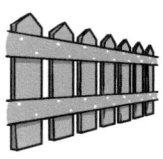

របង
çit

ក្រុំពោល
ahır

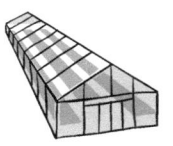

ផ្ទះកញ្ចក់
sera

ដី
toprak

គ្រាប់ពូជ
tohum

ជី
gübre

ម៉ាស៊ីនបរមូលផល
biçerdöver

បុរមូលផល

hasat etmek

ការបូរមូលផល

harman

ដំឡូងជួរ

tatlı patates

សូរុសាលី

buğday

សណ្ដែកកែសៀង

soya

ដំឡូងជួរ

patates

ពោត

mısır

គុកប់បុររងៃវៃ

kolza

ដេីមឈេីហ្វូបផ្លៃ

meyve ağacı

ដំឡូងមី

manyok

ធញ្ញជាតិ

hububat

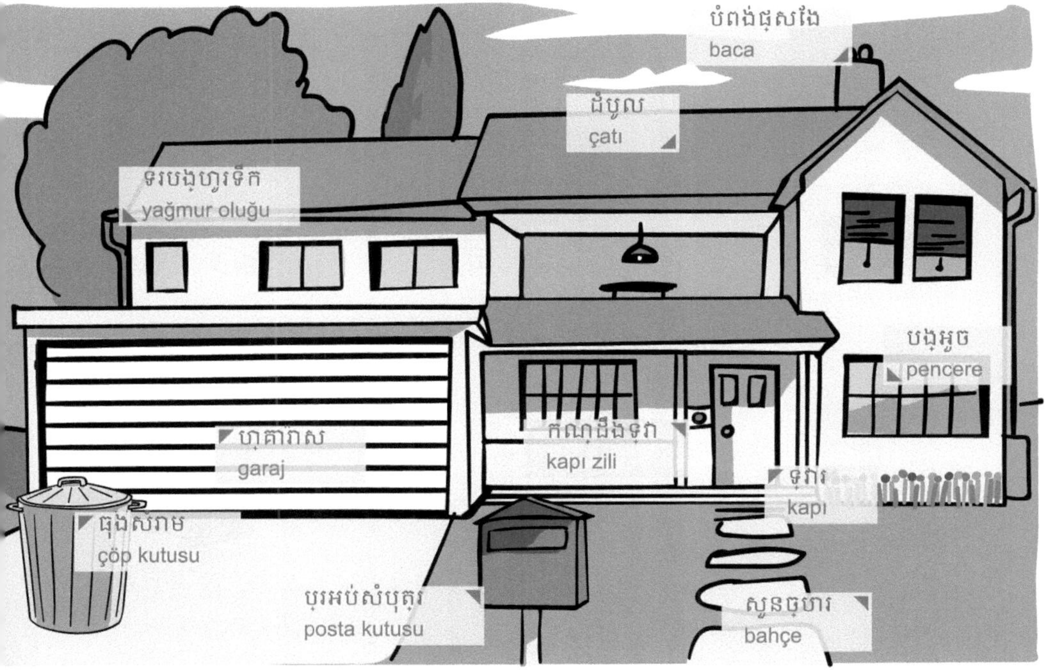

បំពង់ផ្សែង
baca

ដំបូល
çatı

ទូរបង្ហូរទឹក
yağmur oluğu

បង្អួច
pencere

ហ្គារ៉ាស
garaj

កណ្ដឹងទ្វារ
kapı zili

ទ្វារ
kapı

ធុងសំរាម
çöp kutusu

ប្រអប់សំបុត្រ
posta kutusu

សួនច្បារ
bahçe

បន្ទប់ទទួលភ្ញៀវ
oturma odası

បន្ទប់ទឹក
banyo

ផ្ទះបាយ
mutfak

បន្ទប់គេង
yatak odası

បន្ទប់របស់កុមារ
çocuk odası

បន្ទប់ទទួលទានអាហារ
yemek odası

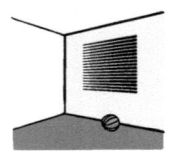

ជាន់

zemin

ជញ្ជាំង

duvar

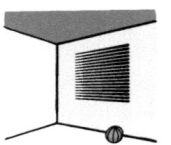

ពិដាន

tavan

បន្ទប់ក្រោមដី

kiler

សូណា

sauna

យ៉ែរ

balkon

ផ្ទៃក្រោយសម្រើនទៅជមុរាល
ក្នុំ

teras

អាងហាលែទឹក

havuz

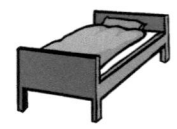

ម៉ាស៊ីនកាត់សុមទៅ

çim biçme makinesi

សន្លឹក

çarşaf

កម្រាលគ្របៃដេកេ

yatak örtüsü

គ្រែ

yatak

អំបោស

süpürge

ធុង

kova

កុងតាក់

anahtar

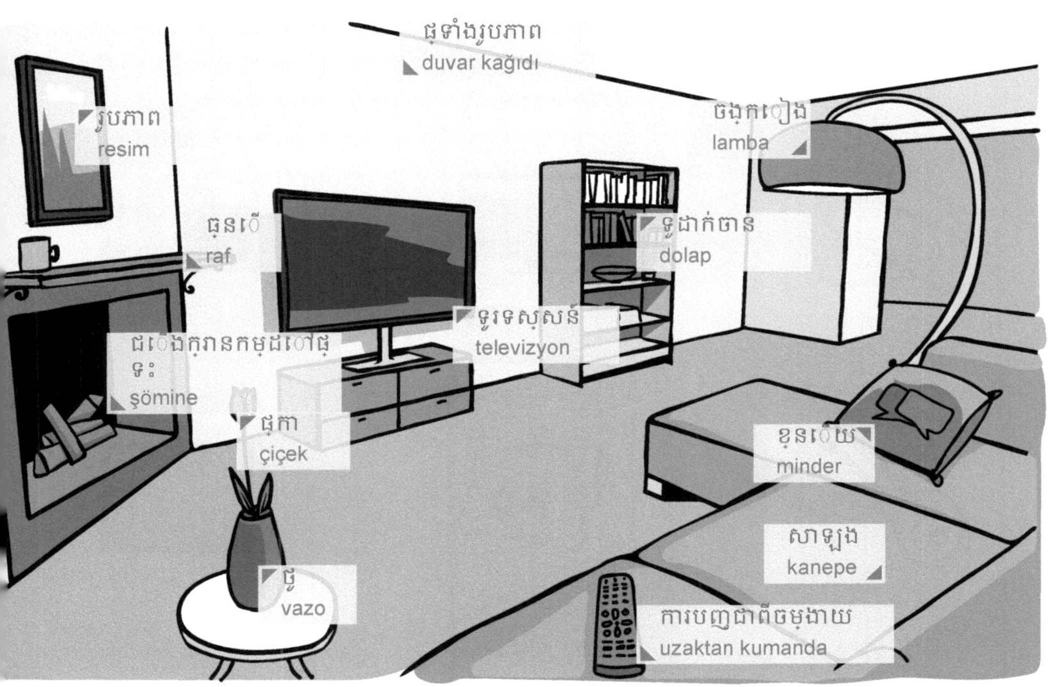

ផ្ទាំងរូបភាព
duvar kağıdı

រូបភាព
resim

ចង្កៀង
lamba

ធ្នើរវៃ
raf

ទូដាក់ចាន
dolap

ជរវើងកុវានកម្ដៅផ្ទៈ
ទៈ
şömine

ទូរទស្សន៍
televizyon

ផ្កា
çiçek

ខ្នើយ
minder

សាឡុង
kanepe

ថ្វ
vazo

ការបញ្ជាពីចម្ងាយ
uzaktan kumanda

កម្រាលព្រំ
halı

រាំងនន
perde

តុ
masa

កៅអី
sandalye

កៅអីប៉ាក់ប៉ើក
salıncaklı koltuk

កៅអីភ្នាក់ដៃ
koltuk

សៀវភៅ
kitap

ភួយ
battaniye

ការតុបតែង
dekor

អុសដុត
odun

ខ្សែភាពយន្ត
film

ឧបករណ៍ Hi-Fi
hi-fi

កូនសោ
anahtar

កាសែត
gazete

គំនូរ
tablo

ផ្ទាំងរូបភាព
poster

វិទ្យុ
radyo

ណូតផ្គេ
defter

ម៉ាស៊ីនបូមធូលី
elektrikli süpürge

ដំបងយក្ស
kaktüs

ទៀន
mum

ផ្ទះបាយ
mutfak

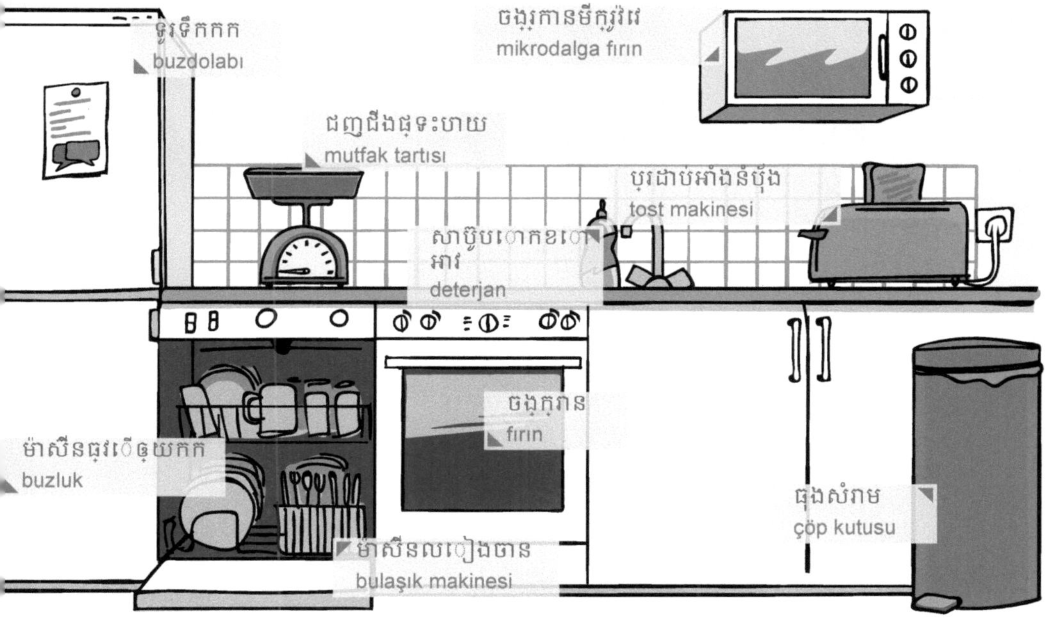

ទូរទឹកកក
buzdolabı

ចង្ងុករានមីក្រូវែវ
mikrodalga fırın

ជញ្ជីងផ្ទះបាយ
mutfak tartısı

ប៊ុរដាប់អាំងនំប៉័ង
tost makinesi

សាប៊ូបោកខោអាវ
deterjan

ម៉ាស៊ីនផ្សេវើធុយកក
buzluk

ចង្ងុករាន
fırın

ធុងសំរាម
çöp kutusu

ម៉ាស៊ីនលាងចាន
bulaşık makinesi

ចង្ងុករាន
....
ocak

ធុននាំង
....
tencere

ធុននាំងដៃក
....
döküm tencere

ខ្ទះ / ខ្ទះពណ្ឌោ
....
wok

ខ្ទះ
....
tava

កំសបៀរ
....
su ısıtıcı

ឆ្នាំងចំហុយ

buharlı pişirici

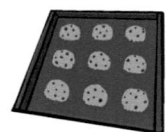

ថាសដុតនំ

pişirme tepsisi

គ្រឿងចានឆ្នាំងដី

tabak takımı

ថ្វី

kupa

ចានគហោម

kase

ចង្កឹះ

çubuk (çin yemeği)

វែកសមុល

kepçe

វែកកូរ

spatula

បុរដាប់វាយគ្រឿងក្

çırpma teli

តម្រង

süzgeç

កន្ត្រង

elek

បុរដាប់កហោសដុង

rende

គ្រហាល់

havan

ការអាំងសាច់

barbekü

ចង្ក្រានចំហ

açık ateş

ជូរញ្ញ
kesme tahtası

បុរដោប់កិនម្សៅ
merdane

បុរដោប់ម្សៅបើកឆ្នុកស្រា
tirbüşon

កំប៉ុង
konserve kutusu

បុរដោប់បើកកំប៉ុង
konserve açacağı

ក្រណាត់ទ្រាប់ឆ្នាំង
fırın eldiveni

កន្លងឆ្លោងចាន
evye

ជក់
fırça

អប៉ុង
sünger

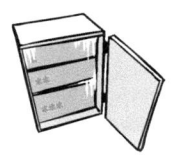

ម៉ាស៊ីនកួរឡ្បៀក
blender

ទូទឹកកកខ្លាំងត្រជាក់
derin dondurucu

ដបទឹកដោះគោ
biberon

រូ៉បីណារ
musluk

 កមដៅ
ısıtma

ផ្កាឈូក
duş

កន្សែង
havlu

រាំងននូងទឹកផ្កាឈូក
duş perdesi

ការងូតទឹកពពុះ
köpük banyosu

អាងងូតទឹក
küvet

កែវ
bardak

ម៉ាស៊ីនបោកកគត់
çamaşır makinesi

កុរឡ្បាកុបរៀង
fayans

រូបីណារ
musluk

ចានបង្គន់
lazımlık

កន្សែងលោងចាន
evye

បង្គន់

tuvalet

បង្គន់អង្គុយ

alaturka tuvalet

ផ្ទេ៉ងជម្រះកាយ

bide

កុលាំទឹកនោម

pisuvar

ក្រដាសបង្គន់

tuvalet kağıdı

ច្រាសដុសបង្គន់ន

tuvalet fırçası

ច្រាសដុសធ្មេញ
diş fırçası

ថ្នាំដុសធ្មេញ
diş macunu

ខ្សែទៅក់សម្អាតធ្មេញ
diş ipi

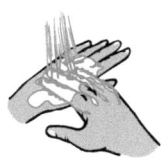
លាង
yıkamak

បុរដាប់ដាក់ដផ្កាឈូក
duş başlığı

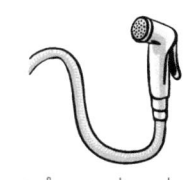
ទឹកថ្នាំសម្រាប់ហាញ់លាង
duş başlığı şeklinde taharet musluğu

អាង
küvet

ច្រាសដុសខ្នង
banyo fırçası

សាប៊ូ
sabun

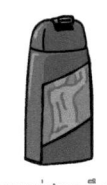
លែសម្រាប់ងូតទឹកផ្កាឈូក
ក
duş jeli

សាប៊ូ
şampuan

សកុលាត
banyo lifi

បំពង់បង្ហូរទឹក
gider

ក្រែម
krem

ថ្នាំបំបាត់ក្លិនអាក្រក់
deodorant

កញ្ចក់

ayna

កញ្ចក់ដៃ

el aynası

ប្រដាប់កោរ

jilet

ហ្វូមកោរពុកមាត់

tıraş köpüğü

ទឹកលាងក្រោយកោរពុកមាត់

tıraş losyonu

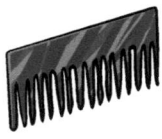

កុរស

tarak

ជក់

fırça

ប្រដាប់សម្ងួតសក់

saç kurutma makinesi

សួុពុរាយហាញ់សក់

saç spreyi

ការតុបតែងមុខ

makyaj

ក្រមែលាបមាត់

ruj

ថ្នាំលាបក្រចក

tırnak cilası

រោមកប្បាស

pamuk

កន្ត្រៃកាត់ក្រចក

tırnak makası

ទឹកអប់

parfüm

កាបូបបពេាកតក់
makyaj çantası

លាមក
tabure

ជញ្ជីងចុលើងទមុងន់
tartı

អាវពាក់ងូតទឹក
bornoz

ស្រោមដៃពៅស្លេ
lastik eldiven

ធ្នុក
tampon

កន្សងៃអនាម័យ
kadın pedi

បង្គន់គីមី
kimyevi tuvalet

បន្ទប់របស់កុមារ

çocuk odası

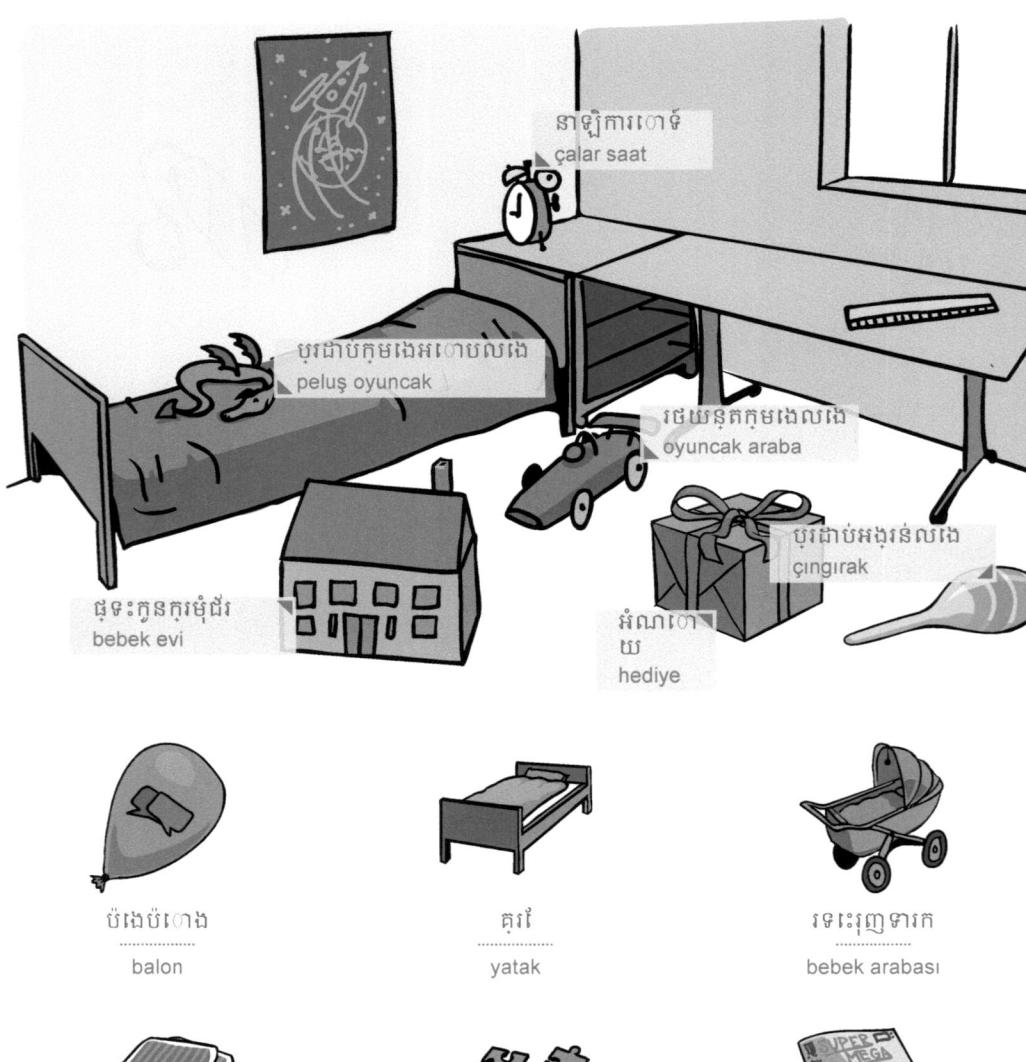

នាឡិការរោទ៍
çalar saat

បុរដាបកុមេងអាោបលរង
peluş oyuncak

រថយន្តកុមរេងលរង
oyuncak araba

បុរដាបអង្រនលរង
çıngırak

ផ្ទះកូនក្រមុំជរ
bebek evi

អំណាោ
យ
hediye

ប៉ែងប៉ោង
balon

គ្រែ
yatak

រទេះរុញទារក
bebek arabası

ហ្គិបរ្បៀ
kart destesi

រូបផ្គុំ
yapboz

កំបុលរៃ
çizgi roman

ដុំប Lego

lego tuğlaları

បុលុកបូរដាប់កុមដែលដង

lego blokları

តួលខេសកម្មភាព

aksiyon figürü

ខោអាវទារក

zıbın

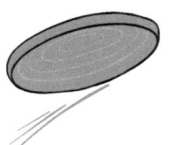

ការគប់ចាស

frizbi

ទូរសព្ទដៃ

dönence

កុតារលេ្បងដែ

masa oyunu

គុរាប់ឡ្បកឡ្បាក់

zar

ឈុតរថភ្លលវ៏ឺងគំរ

model tren seti

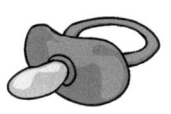

រូបសំណាក

emzik

គណបកុស

parti

សរៀវភ្លរៅរូបភាព

resimli kitap

ហាល់

top

កូនកូរម៉ុតុកុកតា

oyuncak bebek

លដង

oynamak

រណ្ដៅខ្សាច់

kum havuzu

ទោង

salıncak

បរដាប់កុមងលង

oyuncaklar

កុងសូលវីដេអូហ្គតមេ

video oyun konsolu

គ្រវីចក្រយានយន្ត

üç tekerlekli bisiklet

តុក្កតាខ្លាយុម៉ុ

oyuncak ayı

ទូខោអាវ

gardırop

សុរៃទោមជើង

çorap

សុរៃទោមជើងវែង

külotlu çorap

ខោទុរនាប់នារី

tayt

ក្នុមា
eşarp

ឆត្រ
şemsiye

ខ្សែក្រវាត់
emer

អាវយឺត
tişört

ស្បែកជើងករវែ
ង
bot

ស្បែកជើងពាក់នៅ
ន្ទុះ
terlik

ស្បែកជើងហាតា
spor ayakkabı

ស្បែកជើងសង្ខរកែ

sandalet

ស្បែកជើង

ayakkabı

ស្បែកជើងករវែងកទៅស្ៀ

lastik çizme

ខពោទុរនាប់បុរស

külot

អាវទុរនាប់

sütyen

អាវកក់

yelek

 រាងកាយ
dar bluz

ខោទ្រវែង
pantolon

ខោពេខូរបិយ
kot pantolon

សំពត់
etek

អាវកុរទៅ
bluz

អាវ
gömlek

អាវយឺត
kazak

អាវយឺត
süveter

អាវធំ
blazer

អាវកុរទៅ
ceket

អាវធំ
mont

អាវភ្លៀងទៀង
yağmurluk

គុរទៀងតវែ
kostüm

អាវរវែ
elbise

សំលទៀកបំពាក់អាពាហ៍ពិពាហ៍
gelinlik

ខោអាវឈុត

takım elbise

រូបរាគ្តរី

gecelik

ឈុតគេង

pijama

សារី

sari

កន្សែងដូតកុហាល

baş örtüsü

ឆ្នូត

türban

សួបម៉ែខ

burka

kaftan

kaftan

abaya

çarşaf

ឈុតហាលេទឹក

mayo

ខោខ្លី

erkek mayosu

ខោខ្លី

şort

ឈុតហាត់កីឡា

eşofman

អាវអៀម

önlük

ស្រោមដៃ

eldiven

ឡ្យរអារ

düğme

វ៉ែនតា

gözlük

ខ្សដៃៃ

bilezik

ខ្សកែ

kolye

ចិញ្ចរៀន

yüzük

កុរិល

küpe

មួក

kep

បុរដាប់ពួយអារកុរៅ

portmanto

មួក

şapka

កុរវាត់ក

kravat

រូត

fermuar

មួកសុវត្ថិភាព

kask

ខ្សវៃ

pantolon askısı

ឯកសណ្ឋានសាលា

okul forması

ឯកសណ្ឋាន

üniforma

អរៀមទារក

mama önlüğü

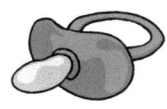

រូបសំណាក

emzik

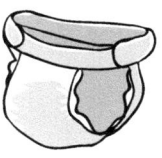

ខោទឹកនោម

bebek bezi

ការិយាល័យ
ofis

ម៉ាស៊ីនមេ
sunucu

ទូងកសារ
dosya dolabı

ម៉ាស៊ីនបពោះពុម្ព
yazıcı

ម៉ូនីទ័រ
monitör

កុរដាស
kağıt

តុការិយាល័យ
masa

កណ្តុរ
fare

ស៊ីម៌
klasör

កុតារុចុច
klavye

កន្ត្រករដាក់សរាមកុរដាស
kağıt çöp kutusu

កុំព្យូទ័រ
bilgisayar

កពៅអ៊ី
sandalye

កវែកាហ្វរ

kahve fincanı

ម៉ាស៊ីនគិតលេខ

hesap makinesi

អ៊ីនធឺណិត

internet

កុំព្យូទ័រយួរដៃ

dizüstü

លិខិត

mektup

សារ

mesaj

ទូរស័ព្ទដៃ

cep telefonu

បណ្ដាញ

ağ

ម៉ាស៊ីនថតចម្លង

fotokopi makinesi

សូហ្វវែរ

yazılım

ទូរស័ព្ទ

telefon

រន្ធជ័រពេត

priz

ម៉ាស៊ីនទូរសារ

faks makinesi

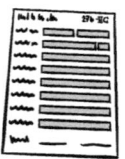

ទម្រង់បែបបទ

form

ឯកសារ

belge

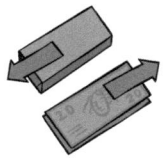

ទិញ

satın almak

បង់ប្រាក់

ödemek

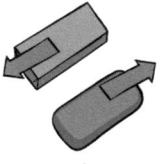

ធ្វើរ៉ើជំនួញ

ticaret yapmak

លុយ

para

ប្រាក់ដុល្លារ

dolar

ប្រាក់អឺរ៉ូ

avro

ប្រាក់យ៉េន

yen

ប្រាក់រ៉ូប៊ិល

ruble

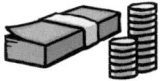

ហ្វ្រង់ស៊ុីស

İsviçre frangı

ប្រាក់យ៉ន

Çin yuanı

ប្រាក់រូពី

rupi

កន្លែងបូររ៉ើសាច់ប្រាក់

kasa

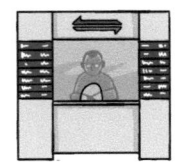

ការិយាល័យបុគ្គុប្រាក់

döviz bürosu

មាស

altın

ប្រាក់

gümüş

ប្រេង

petrol

ថាមពល

enerji

តម្លៃ

fiyat

កិច្ចសន្យា

kontrat

ពន្ធ

vergi

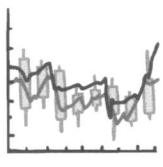

ភាគហ៊ុន

menkul değer

ធ្វើការ

çalışmak

បុគ្គលិក

işveren

និយោជក

işçi

រោងចក្រ

fabrika

ហាង

mağaza

មនុស្សរ៉ីប៉ូលិស
polis memuru

អ្នកពន្លត់អគ្គិភ័យ
itfaiyeci

អ្នកបើកយន្តហោះ
pilot

វេជ្ជបណ្ឌិត
doktor

ចុងភៅ
aşçı

អ្នកបើកយន្តហោះ
pilot

អ្នកថែស្វន
bahçıvan

ជាងឈើ
marangoz

ជាងកាត់ដេរ
terzi

ចៅក្រម
hakim

គីមីវិទ្
kimyager

តួកុន
aktör

អ្នកបើកឡ្លានក្រុង

otobüs şoförü

អ្នកបើកតាក់ស៊ី

taksi şoförü

អ្នកនេសាទ

balıkçı

សុត្តិអ្នកសម្អាត

temizlikçi

ជាងដំបូល

çatı ustası

អ្នករត់តុ

garson

អ្នកបរបាញ់សត្វ

avcı

វិចិត្រករ

boyacı

អ្នកដុតនំ

fırıncı

ជាងអគ្គីសនី

elektrikçi

ជាងសំណង់

inşaatçı

វិស្វករ

mühendis

អ្នកកាប់សាច់

kasap

ជាងជួសជុលទុយោរទឹក

muslukçu

អ្នករត់សំបុត្រ

postacı

ទាហាន

asker

ស្ថាបត្យករ

mimar

បង្កា

kasiyer

អ្នកលក់ផ្កា

çiçekçi

អ្នកកាត់សក់

kuaför

អ្នកយកលុយ

kondüktör

ជាងម៉ាស៊ីន

tamirci

កាពីទែន

kaptan

ពទ្យធ្មេញ

dişçi

អ្នកវិទ្យាសាស្ត្រ

bilim insanı

គ្រូបង្រៀនច្បាប់សញ្ជាតិជ្ជឺហ្សឺវ

haham

លោកសង្ឃចាម

imam

ព្រះសង្ឃ

keşiş

បព្វជិត

rahip

ឧបករណ៍

aletler

ញញួរ
çekiç
ដង្កាប់
penseler
ទួណឺវីស
tornavida
ម៉ាឡេត
İngiliz anahtarı
ពិល
el feneri

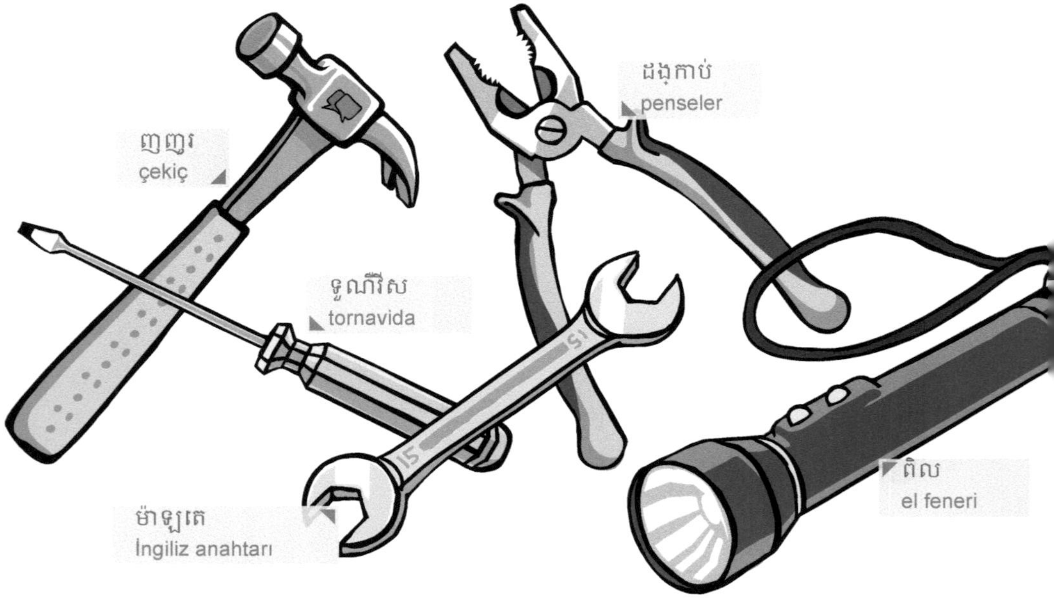

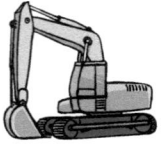

ម៉ាស៊ីនជីក

kazı makinesi

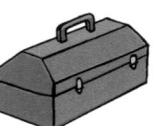

ប្រអប់ឧបករណ៍

alet çantası

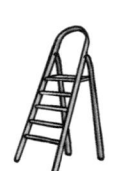

ជណ្ដើរ

merdiven

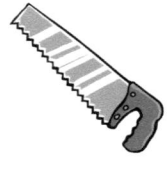

រណារ

testere

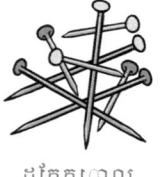

ដែកគោល

çiviler

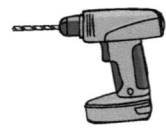

ប្រដាប់ស្វាន

matkap

ជួសជុល

tamir etmek

ប៉ែល

kürek

ចង្រៃ!

Kahretsin!

បុរដោប់ច្រកធូលី

faraş

ធុងថ្នាំពណ៌

boya tenekesi

វីស

vidalar

ឧបករណ៍តន្ត្រី

müzik enstrümanı

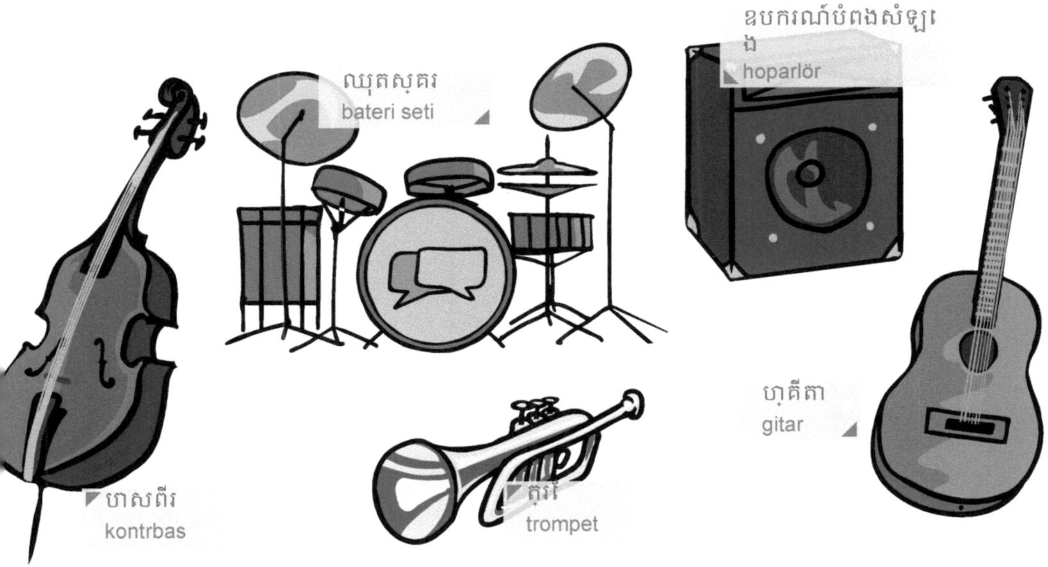

ឧបករណ៍បំពងសំឡេ
ង

hoparlör

ឈុតស្គរ
bateri seti

ហ្គីតា

gitar

បាសពីរ
kontrbas

គ្រវ
trompet

ពុយាណូ

piyano

វីយ៉ូឡ្យង

keman

ហាស

basgitar

ស្គរពោសសុបកែមុយ៉ាង

timpani

ស្គរ

bateri

យីបត

klavye

សាក់ស្ហូ្វន

saksafon

ខ្លុយ

flüt

មីក្រូហ្វូន

mikrofon

ឧបករណ៍តន្ត្រី - müzik enstrümanı

សួនសត្វ
hayvanat bahçesi

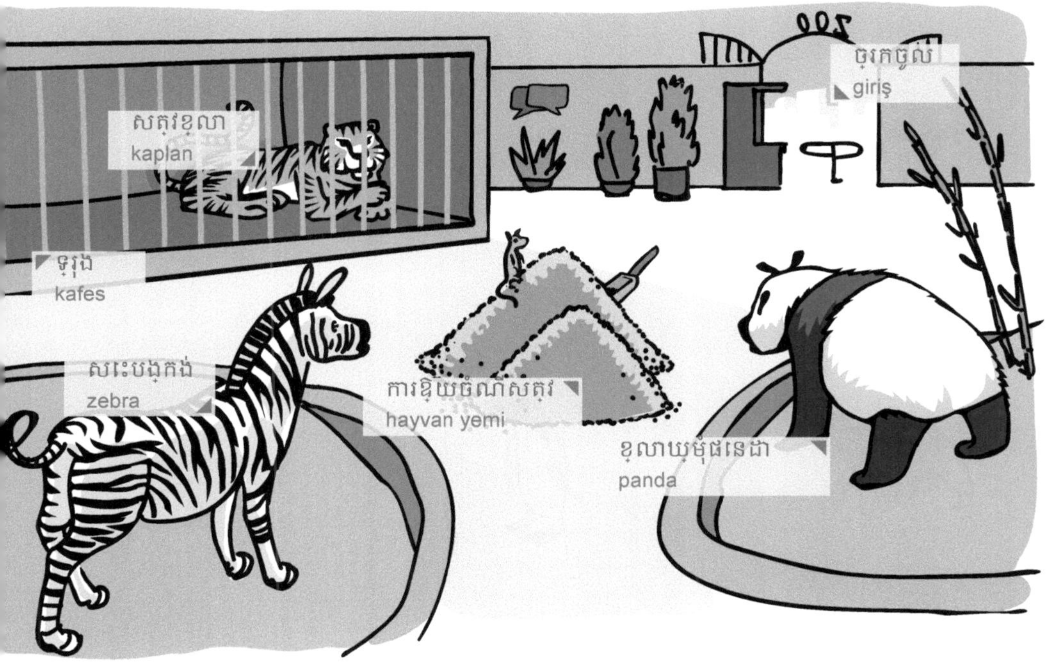
សត្វខ្លា
kaplan
ទ្រុង
kafes
សេះបង្កង់
zebra
ការឱ្យចំណីសត្វ
hayvan yemi
ខ្លាឃ្មុំផេនដា
panda
ច្រកចូល
giriş

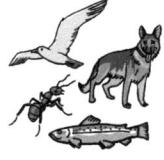

សត្វ

hayvanlar

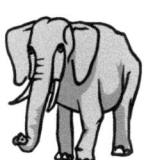

សត្វដំរី

fil

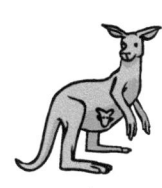

សត្វកង់ហ្គារូ

kanguru

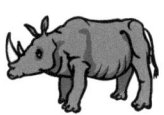

សត្វរមាស

gergedan

សត្វស្វាហ្គ័រីឡា

goril

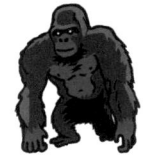

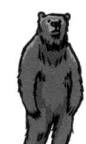

ខ្លាឃ្មុំពណ៌ត្នោត

ayı

សត្វអូដ្ឋ

deve

សត្វអូទ្រីស

deve kuşu

សត្វតោ

aslan

ស្វា

maymun

សត្វកូរ៉េល

flamingo

សរកិ

papağan

ខ្លាឃ្មុំតំបន់ប៉ូល

kutup ayısı

ផេនឃ្វីន

penguen

ត្រីឆ្លាម

köpek balığı

ក្ងោក

tavus kuşu

សត្វពស់

yılan

ក្រពើ

timsah

អ្នកក្រុកសាសួនសត្វ

hayvanat bahçesi görevlisi

ឆ្មាទឹក

fok

ខ្លារខិនមួយប្រយាង

jaguar

ក្ដុនសេះ

midilli atı

ខ្លារខិន

leopar

សត្វរដើទឹក

su aygırı

សត្វករវៃ

zürafa

ផនុម្វី

kartal

ជ្រូក

yaban domuzu

ត្រី

balık

អណ្ដើក

kaplumbağa

លេាមមច្ចា

mors

កញ្ជ្រោង

tilki

ក្ដជាន់

ceylan

sporlar

កីឡាហាល់ទាត់អាមេរិក
amerikan futbolu

ការបុរណាំងកង់
bisiklete binme

កីឡាថ្នេស
tenis

កីឡាហាល់បបោះ
basketbol

កីឡាហាលេទឹក
yüzme

កីឡាវាយគុនហាល់លេវឺ កក
buz hokeyi

កីឡាបុរដាល
boks

កីឡាហាល់ទាត់
futbol

កីឡាវាយសី
badminton

អត្តពលកម្ម
atletizm

កីឡាហាល់កាន់
hentbol

ការជិះសុគី
kayak

ប៉ូឡូ
polo

សកម្មភាពនានា
etkinlikler

លោត
atlamak
ឱប
sarılmak
សើច
gülmek
ដើរ
yürümek
ច្រៀង
söylemek
សុបិន្ត
hayal etmek
អធិស្ឋាន
dua etmek
ថើប
öpmek

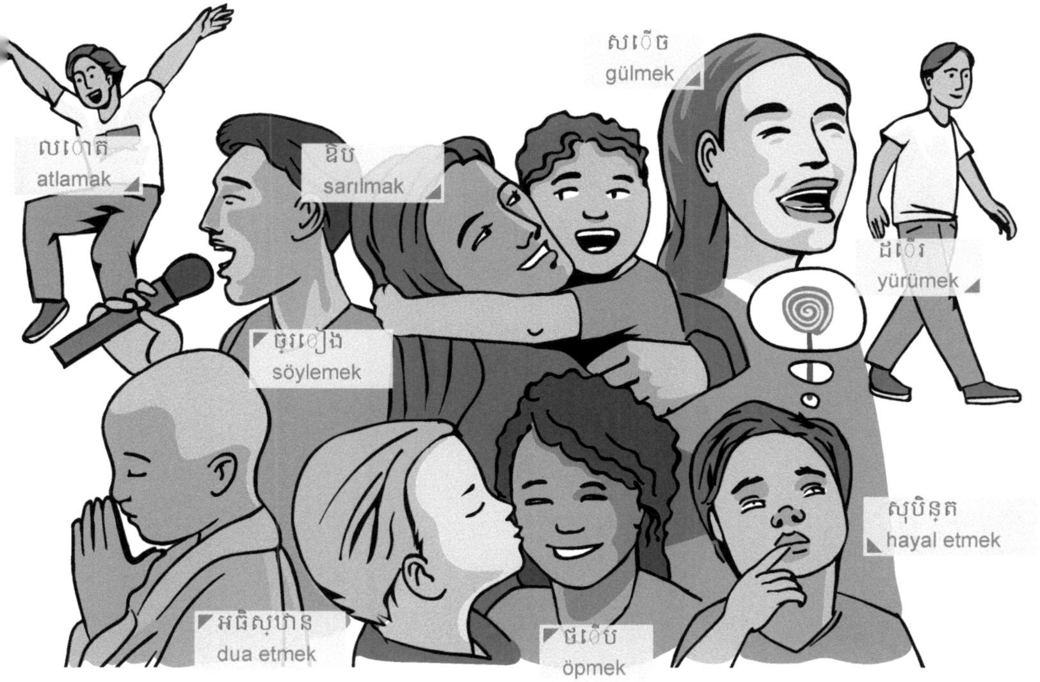

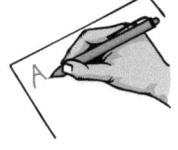

សរសេរ
yazmak

គូរ
çizmek

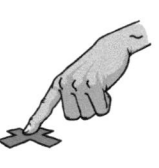

បង្ហាញ
göstermek

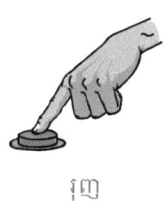

រុញ
itmek

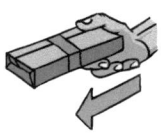

ឲ្យ
vermek

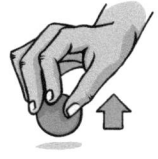

យក
almak

មាន

sahip olmak

ធ្វើវ៉ើ

yapmak

គឺ

olmak

ឈរ

ayakta durmak

រត់

koşmak

ទាញ

çekmek

បោះ

atmak

ធ្លាក់

düşmek

កុហក

yalan söylemek

រង់ចាំ

beklemek

យួរ

taşımak

អង្គុយ

oturmak

សុលៀកពាក់

giyinmek

ដេក

uyumak

ក្ញាក់ឡ្បើង

uyanmak

មរើល

bakmak

យំ

ağlamak

គូសវាស

vurmak

សិតសក់

taramak

និយាយ

konuşmak

យល់

anlamak

សួរ

sormak

សុដាប់

dinlemek

ផឹក

içmek

បរិភោគ

yemek

សម្អាត

düzenlemek

សុរលាញ់

sevmek

ចម្អិន

pişirmek

បររើកបរ

sürmek

ហោះ

uçmak

ចតែទូក

denize açılmak

គណនា

hesapla

អាន

okumak

រៀន

öğrenmek

ធ្វើការ

çalışmak

រៀបការ

evlenmek

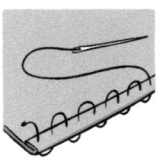

ដេរ

dikmek

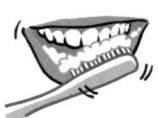

ដុសធ្មេញ

diş fırçalamak

សម្លាប់

öldürmek

ជក់

sigara içmek

ផ្ញើ

yollamak

ជីដូន
büyükanne

ជីតា
büyükbaba

ខ្ញុំពុក
baba

មុតាយ
anne

ទារក
bebek

កូនស្រី
kız

កូនប្រុស
oğul

ក្ញុរេ្យៀរ

misafir

មីង

teyze

ពូ

amca

បងប្អូនបុរុស

erkek kardeş

បងប្អូនស្រី

kız kardeş

រាងកាយ

vücut

ថ្ងាស
alın
ភ្នែក
göz
ស្មា
omuz
ម្រាមដៃ
parmak
មុខ
yüz
ចង្កា
çene
ដៃ
el
ជើង
bacak
សុដន់
göğüs
ដៃ
kol

ទារក

bebek

បុរស

adam

ស្ត្រី

kadın

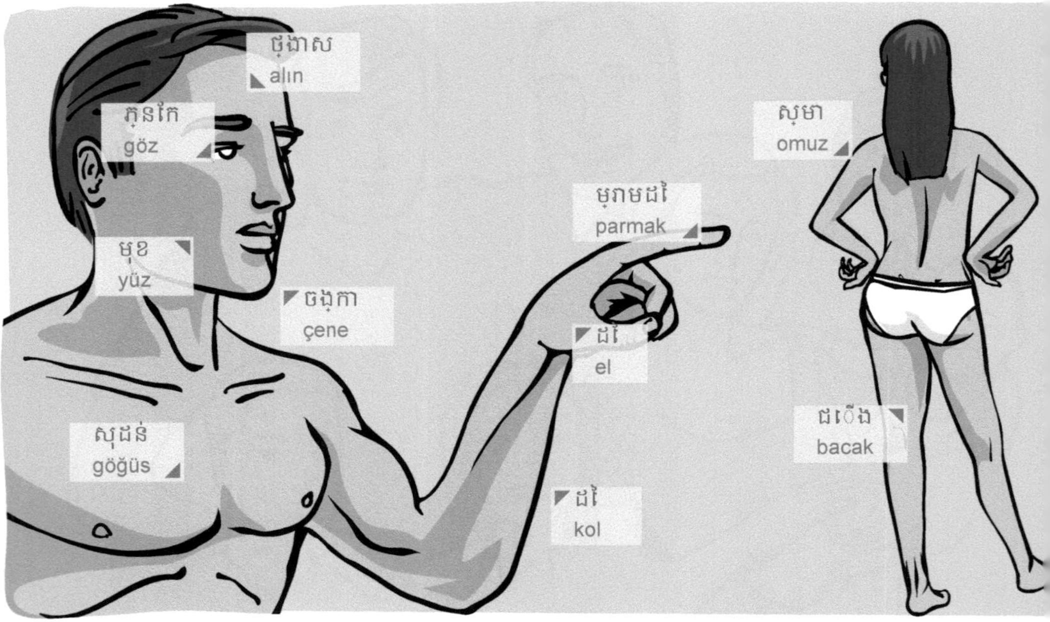

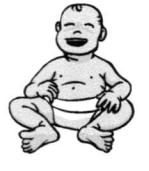

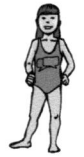

ក្មេងស្រី

kız

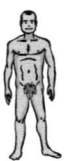

ក្មេងប្រុស

erkek çocuk

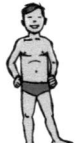

ក្បាល

baş

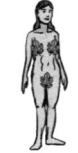

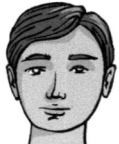

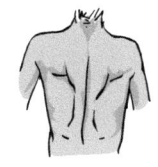

ខ្នង

sırt

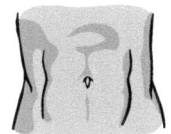

ពោះ

karın

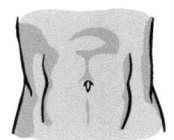

ផ្ចិត

göbek

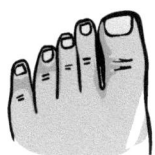

ម្រាមជេើង

ayak parmağı

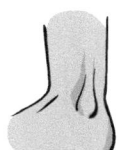

កែងជេើង

topuk

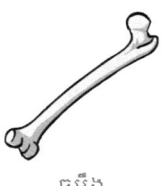

ឆ្អឹង

kemik

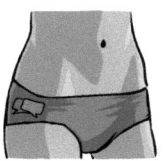

គូរគាក

kalça

ជង្គង់

diz

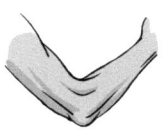

កែងដៃ

dirsek

ច្រមុះ

burun

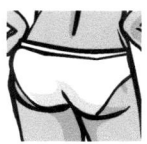

គូទ

kalça

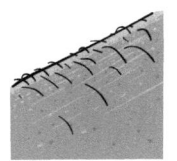

ស្បែក

deri

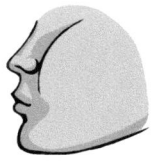

ថ្ពាល់

yanak

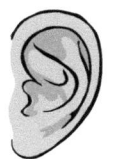

គូរចេៀក

kulak

បបូរមាត់

dudak

មាត់

ağız

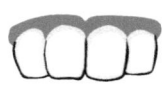

ធ្មេញ

diş

អណ្ដាត

dil

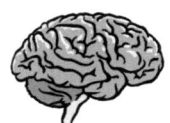

ខួរក្បាល

beyin

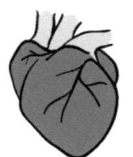

បេះដូង

kalp

សាច់ដុំ

kas

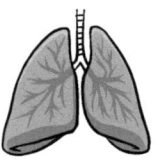

សួត

akciğer

ថ្លើម

karaciğer

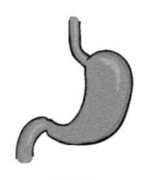

ក្រពះ

mide

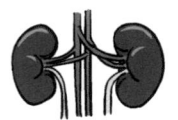

តម្រងនោម

böbrekler

ការរួមភេទ

seks

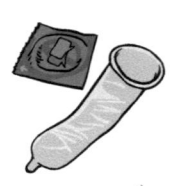

ស្រោមអនាម័យ

prezervatif

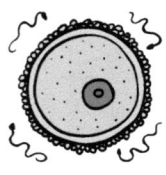

អូវុល

yumurtalık

ទឹកកាម

sperm

ការមានផ្ទៃពោះ

hamilelik

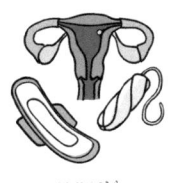

មករដូវ
regl

ទ្វារមាស
vajina

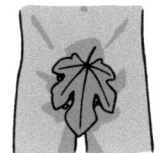

លិង្គ
penis

ចិញ្ចើម
kaş

សក់
saç

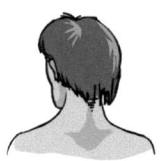

ក
boyun

មន្ទីរពេទ្យ
hastane

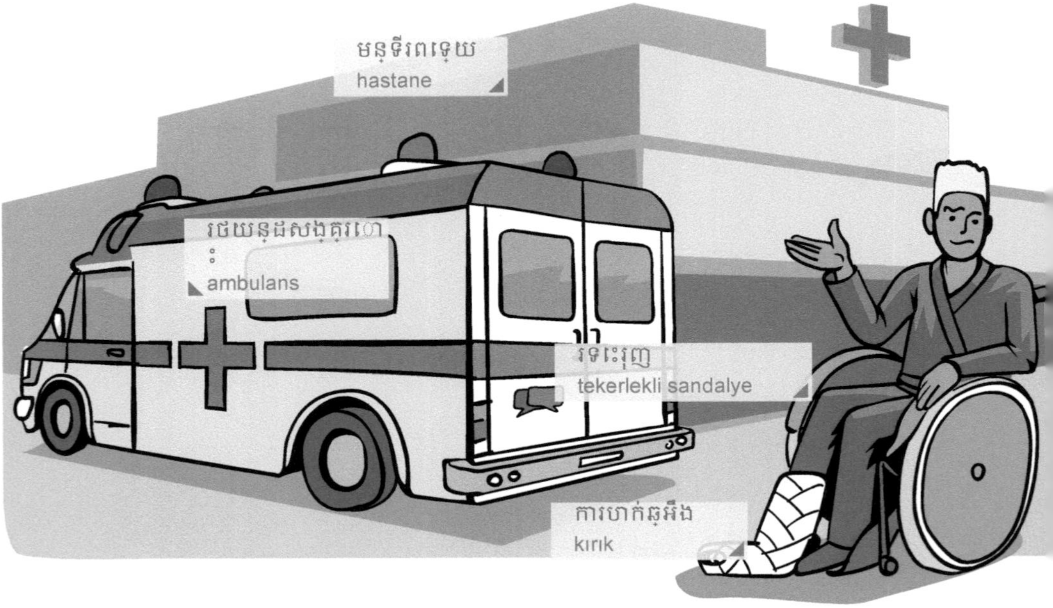

មន្ទីរពេទ្យ
hastane
រថយន្តសង្គ្រោះ
ambulans
រទេះរុញ
tekerlekli sandalye
ការបាក់ឆ្អឹង
kırık

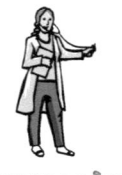

វេជ្ជបណ្ឌិត
doktor

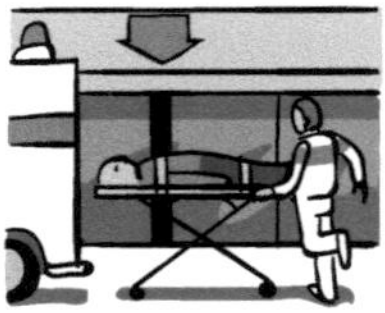

បន្ទប់សង្គ្រោះបន្ទាន់
acil servis

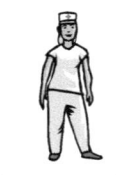

គិលានុបដ្ឋាយិកា
hemşire

សង្គ្រោះបន្ទាន់
acil

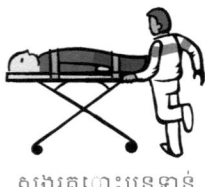

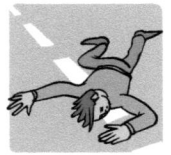

សន្លប់
baygın

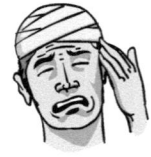

ការឈឺចាប់
acı

ការរងរបួស

yaralanma

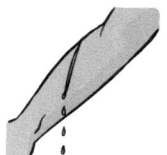

ការហូរឈាម

kanama

គាំងបេះដូង

kalp krizi

មុឌីដាច់សរសៃឈាមក្នុងក្បាល

felç

អាលែកហ្សី

alerji

ក្អក

öksürük

ជំឱ៊ីគ្រុន

ateş

ជំឱ៊ីផ្តាសាយ

grip

ជំឱ៊ីរាគួស

ishal

ឈឺក្បាល

baş ağrısı

ជំឱ៊ីមហារីក

kanser

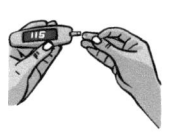

ជំឱ៊ីទឹកនោមផ្អែម

şeker hastalığı

គ្រូពេទ្យវះកាត់

cerrah

កាំបិតវះកាត់

neşter

ប្រតិបត្តិការ

operasyon

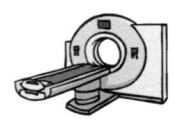

CT

bilgisayarlı tomografi

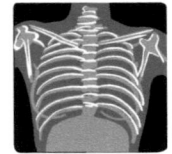

កាំរស្មីអ៊ិច

röntgen

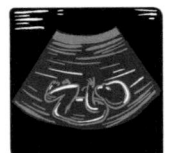

អេកូ

ultrason

របាំងមុខ

yüz maskesi

ជំងឺ

hastalık

បង្គំចាំបន្ទប់

bekleme odası

ឈរើចុងគ្រត់

koltuk değneği

មុនាងសិលា

yara bandı

បង្គុំ

bandaj

ការចាក់ថ្នាំ

enjeksiyon

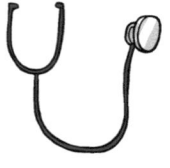

ស្តូដស្កូប

steteskop

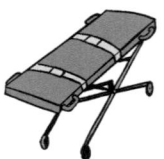

សុនដែងឬួស

sedye

ទែម៉ែម៉ែត្រេពុយាហាល

tıbbi termometre

កំណើត

doğum

លើសទមុងន់

fazla kilo

ឧបករណ៍ជំនួយការស្ដាប់

işitme cihazı

សារធាតុសម្លាប់មេរោគ

dezenfektan

ការឆ្លងមេរោគ

enfeksiyon

មេរោគ

virüs

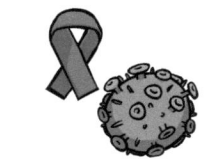

មេរោគអេដស៍ / ជំងឺអេដស៍

HIV / AIDS

ថ្នាំពេទ្យ

ilaç

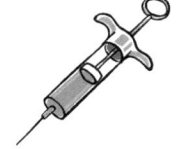

ការចាក់ថ្នាំបង្ការ

aşı

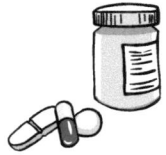

ថ្បេ្លិត

tablet

ថ្នាំគ្រាប់

hap

ការហៅទៅលេអាសន្ន

acil çağrı

ឧបករណ៍ពិនិត្យសម្ពាធ
លោហិត
tansiyon aleti

ឈឺ / មានសុខភាពល្អ

hasta / sağlıklı

ជំនួយ!

İmdat!

សំឡេងរោទ៍

alarm

ការវាយលុក

darp

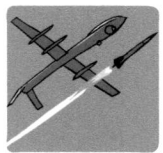

ការវាយប្រហារ

saldırı

គ្រោះថ្នាក់

tehlike

ច្រកចេញគ្រាអាសន្ន

acil çıkış

អគ្គីភ័យ!

Yangın!

បំពង់ពន្លត់អគ្គិភ័យ

yangın tüpü

គ្រោះថ្នាក់

kaza

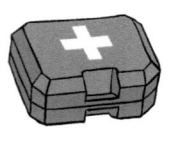

ឧបករណ៍ជំនួយបឋម

ilk yardım çantası

SOS

imdat

ប៉ូលិស

polis

អឺរុប

Avrupa

អាមរិកខាងជើង

Kuzey Amerika

អាមរិកខាងត្បូង

Güney amerika

អាហ្រ្វិក

Afrika

អាស៊ី

Asya

អូស្ត្រាលី

Avustralya

អាត្លង់ទិច

Atlantik

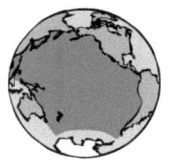

ប៉ាស៊ីហ្វិក

Pasifik

មហាសមុទ្រផណ្ឌខា

Hint Okyanusu

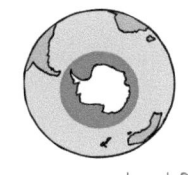

មហាសមុទ្រអង់តាក់ទិច

Antarktika Okyanusu

មហាសមុទ្រអាកទិច

Arktik Okyanusu

ប៉ូលខាងជើង

Kuzey Kutbu

ប៉ូលខាងត្បូង
Güney Kutbu

អង់តាក់ទិក
Antarktika

ផែនដី
dünya

ដីគោក
kara

សមុទ្រ
deniz

កោះ
ada

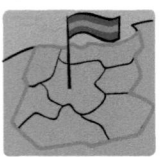

បុរទេសជាតិ
ulus

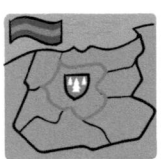

រដ្ឋ
ülke

មុខនាឡិកា

kadran

ទ្រនិចម៉ោង

akrep

ទ្រនិចនាទី

yelkovan

ទ្រនិចវិនាទី

saniye ibresi

ម៉ោងប៉ុន្មាន?

Saat kaç?

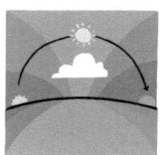

ថ្ងៃ

gün

ពេលវេលា

zaman

ឥឡូវនេះ

şimdi

នាឡិកាឌីជីថល

dijital saat

នាទី

dakika

ម៉ោង

saat

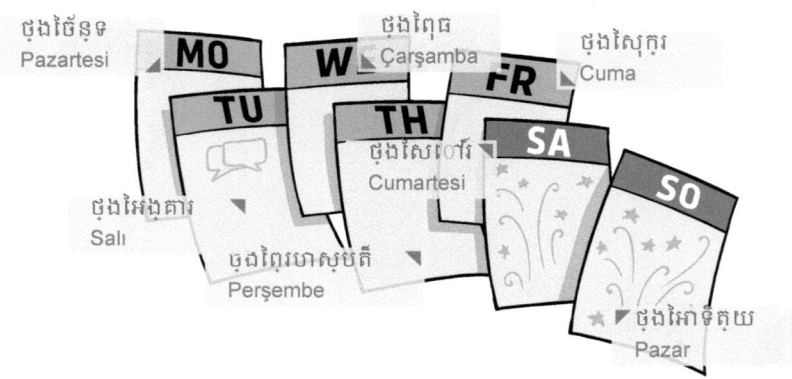

ថ្ងៃច័ន្ទ
Pazartesi

ថ្ងៃពុធ
Çarşamba

ថ្ងៃសុក្រ
Cuma

ថ្ងៃអង្គារ
Salı

ថ្ងៃសៅរ៍
Cumartesi

ថ្ងៃព្រហស្បតិ៍
Perşembe

ថ្ងៃអាទិត្យ
Pazar

មុសិលមិញ
dün

ថ្ងៃនេះ
bugün

ថ្ងៃស្អែក
yarın

ព្រឹក
sabah

ថ្ងៃត្រង់
öğle

ល្ងាច
akşam

ថ្ងៃធ្វើការ
iş günleri

ថ្ងៃសប្ដាហ៍
hafta sonu

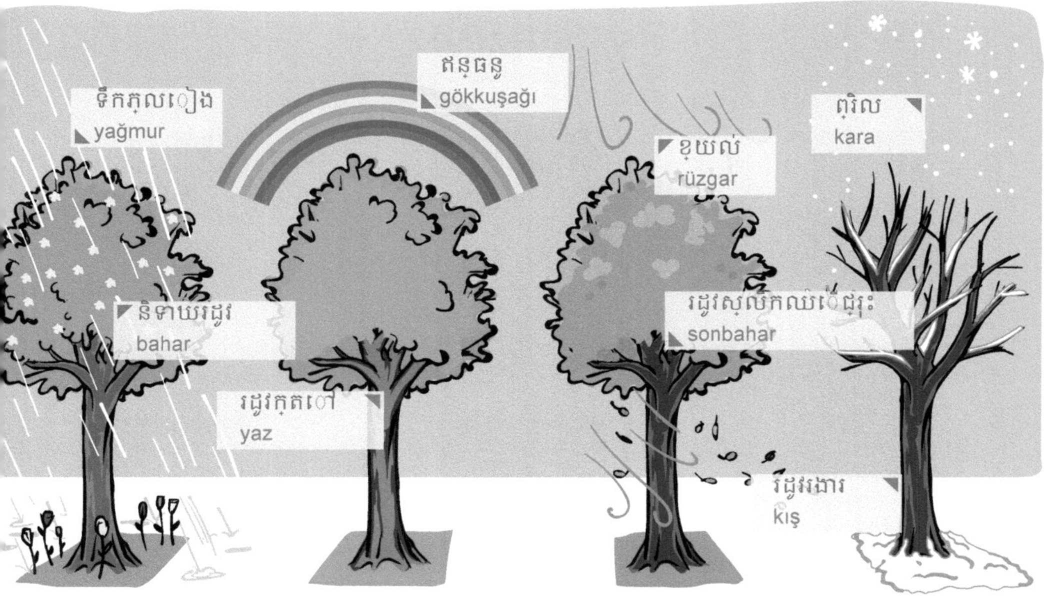

ទឹកភ្លៀងរៀង
yağmur

ពន្លធនូ
gökkuşağı

ខ្យល់
rüzgar

ពុរិល
kara

និទាឃរដូវ
bahar

រដូវស្លឹកឈើជ្រុះ
sonbahar

រដូវក្តៅ
yaz

រដូវរងារ
kış

ការពុយាករណ៍អាកាសធាតុ

hava durumu tahmini

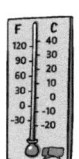

ទែម៉ូម៉ែត្រ

termometre

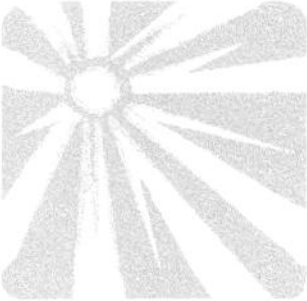

ពន្លឺថ្ងៃ

güneş ışığı

ពពក

bulut

អ័ព្ទ

sis

សំណើម

nem

រន្ទះ
....
şimşek

ផ្គរ
....
gök gürültüsü

ព្យុះ
....
fırtına

ព្រិល
....
dolu

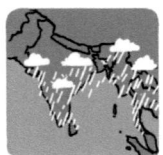

ខ្យល់មូសុង
....
muson

ទឹកជំនន់
....
sel

ទឹកកក
....
buz

ខែមករា
....
Ocak

ខែកុម្ភៈ
....
Şubat

ខែមីនា
....
Mart

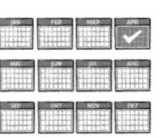

ខែមេសា
....
Nisan

ខែឧសភា
....
Mayıs

ខែមិថុនា
....
Haziran

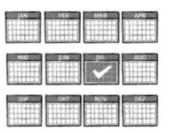

ខែកក្កដា
....
Temmuz

ខែសីហា
....
Ağustos

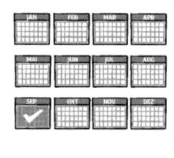

ខែកញ្ញា

Eylül

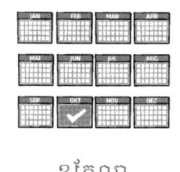

ខែតុលា

Ekim

ខែវិច្ឆិកា

Kasım

ខែធ្នូ

Aralık

រាង
şekiller

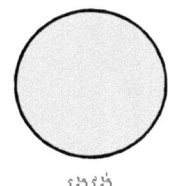

រង្វង់

daire

ការ៉េ

kare

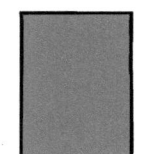

ចតុកោណកែង

dikdörtgen

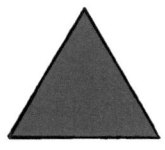

ត្រីកោណ

üçgen

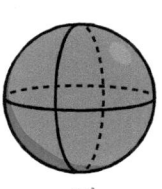

ស្វ៊ែរ

küre

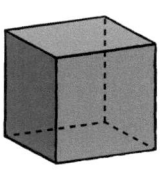

គូប

küp

renkler

ពណ៌ស

beyaz

ពណ៌លឿង

sarı

ពណ៌ទឹកក្រូច

turuncu

ពណ៌ផ្កាឈូក

pembe

ពណ៌ក្រហម

kırmızı

ពណ៌ស្វាយ

mor

ពណ៌ខៀវ

mavi

ពណ៌បៃតង

yeşil

ពណ៌ទឹកក្រូច

kahverengi

ពណ៌ប្ផុរផះ

gri

ពណ៌ខ្មៅ

siyah

ចូរើន / តិចតួច

çok / az

ខឹង / គ្មានជាក់ចិត្ត

kızgın / sakin

សូរស់សុអាត / អាក្រក់

güzel / çirkin

ចាប់ផ្តុតើម / បញ្ចប់

başlangıç / son

ធំ / តូច

büyük / küçük

ភ្លឺ / ងងឹត

parlak / karanlık

ងបុអូនបុរុស / បងបុអូនស្រី

rkek kardeş / kız kardeş

សុអាត / កខ្វក់

temiz / kirli

ពញ្ចោលញ្ចោ / មិនពញ្ចោលញ្ចោ

tamam / eksik

ថ្ងៃ / យប់

gün / gece

សុលាប់ / នៅរស់

ölü / canlı

ធំទូលាយ / តូចចង្អៀត

geniş / dar

អាចបរិភោគបាន /
មិនអាចបរិភោគបាន

yenilebilir / yenilemez

ចិត្តអាក្រក់ / ចិត្តល្អ

kötü / iyi

ការរំភើប / អផ្សុក

heyecanlı / sıkılmış

ធាត់ / ស្គម

şişman / zayıf

ដំបូង / ចុងក្រោយ

ilk / son

មិត្តភក្តិ / សត្រូវ

dost / düşman

ពេញ / ទទេ

dolu / boş

រឹង / ទន់

sert / yumuşak

ធ្ងន់ / ស្រាល

ağır / hafif

ភាពអត់ឃ្លាន /
ការស្រេកឃ្លាន

açlık / susuzluk

ឈឺ / មានសុខភាពល្អ

hasta / sağlıklı

ខុសច្បាប់ / ត្រូវច្បាប់

yasa dışı / yasal

ឆ្លាតវៃ / ឆ្កួត

zeki / aptal

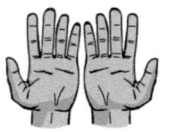

ឆ្វេង / ស្តាំ

sol / sağ

ជិត / ឆ្ងាយ

yakın / uzak

ថ្មី / ហានបុរេវី

yeni / kullanılmış

គ្មានអ្វីសោះ / អ្វីមួយ

hiçbir şey / bir şey

ចាស់ / កុមដេ

yaşlı / genç

បើក / បិទ

açma / kapama

បើក / បិទ

açık / kapalı

ស្ងប់ស្ងាត់ / ពុខលាំង

sessiz / gürültülü

មាន / ក្រ

zengin / fakir

ត្រូវ / ខុស

doğru / yanlış

គ្រើម / លេហាង

pürüzlü / düz

ហាកចិត្ត / សប្បាយចិត្ត

üzgün / mutlu

ខ្លី / វែង

kısa / uzun

យឺត / លឿន

yavaş / hızlı

សើម / ស្ងួត

ıslak / kuru

ក្តៅ / ត្រជាក់

sıcak / serin

សង្គ្រាម / សន្តិភាព

savaş / barış

0

ស៊ុន្យ

sıfır

1

មួយ

bir

2

ពីរ

iki

3

បី

üç

4

បួន

dört

5

ប្រាំ

beş

6

ប្រាំមួយ

altı

7

ប្រាំពីរ

yedi

8

ប្រាំបី

sekiz

9

ប្រាំបួន

dokuz

10

ដប់

on

11

ដប់មួយ

on bir

12
ដប់ពីរ
on iki

13
ដប់បី
on üç

14
ដប់បួន
on dört

15
ដប់ប្រាំ
on beş

16
ដប់ប្រាំមួយ
on altı

17
ដប់ប្រាំពីរ
on yedi

18
ដប់ប្រាំបី
on sekiz

19
ដប់ប្រាំបួន
on dokuz

20
ម្ភៃ
yirmi

100
រយ
yüz

1.000
ពាន់
bin

1.000.000
លាន
milyon

diller

អង់គ្លេស

İngilizce

អង់គ្លេសអាមេរិក

Amerikan İngilizcesi

ចិនកុកឌី

Çince (Mandarin)

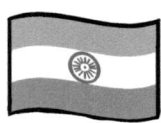

ហិណ្ឌូ

Hintçe

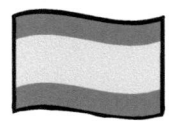

អេស្ប៉ាញ

İspanyolca

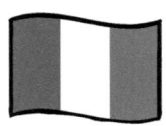

ហារាំង

Fransızca

អារ៉ាប់

Arapça

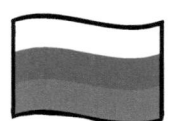

រុស្សី

Rusça

ព័រទុយហ្គាល់

Portekizce

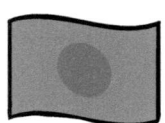

បង់ក្លាដស្ហ

Bengalce

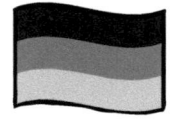

អាល្លឺម៉ង់

Almanca

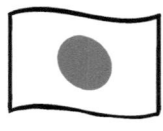

ជប៉ុន

Japonca

ខ្ញុំ

ben

អ្នក

sen

គាត់ / នាង / វា

o

យេើង

biz

អ្នក

siz

ពួកគេហោន

onlar

នរណា?

kim?

អ្វី?

ne?

របៀបណា?

nasıl?

កន្លែងណា?

nerede?

ពេលណា?

ne zaman?

ឈ្មោះ

isim

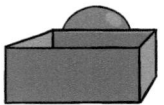

ពីក្រុយេោយ

arkasında

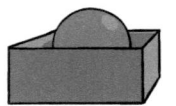

ក្នុង

içinde

ពីមុខ

önünde

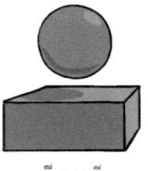

ពីលើ

üzerinde

នៅលើ

üstünde

នៅក្រោម

altında

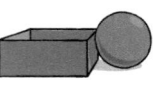

នៅក្បែរ

yanında

រវាង

arasında

កន្លែង

yer